Femme Actuelle

Cuisine santé
Recettes & Conseils

Sans sel

Laurence Laurendor

Éditions Prisma
Direction: Pierre-Olivier Bonfillon
Directrice éditoriale: Françoise Kerlo
Responsable d'édition: Marilyn Chauvel
Assistée de Constance Bonnay
Responsable de production: Alexandre Zimmowitch

Réalisation éditoriale: Gilles Laurendon

Crédits photographiques:
Francis Kompalitch / Prismapix: pages 10, 16, 20, 22, 26, 28, 30, 34, 42, 48, 52, 56, 58, 64, 66, 78, 80, 84, 86, 94, 96, 102, 106, 110, 112, 114, 118, 122.
Laurent Rouvrais / Prismapix: pages 12, 14, 18, 32, 36, 44, 46, 54, 60, 62, 70, 72, 76, 82, 88, 90, 98, 100, 104, 116, 120.
Laurence Mouton / PhotoAlto / Prismapix: page 40.

Coordination éditoriale et création graphique: Opixido
Corrections: Margo Vitrac

Photogravure: A'GRAPH (Joinville-le-Pont)

ISBN : 978-2-8104-0129-1
Dépôt légal: octobre 2010
Achevé d'imprimer par Cayfosa (Espagne)

Introduction

Suivre un régime sans sel est souvent mal vécu. C'est pourtant l'opportunité de renouveler la manière de s'alimenter et d'explorer d'autres façons de cuisiner au quotidien.

C'est également l'occasion idéale de découvrir des produits riches en saveurs et des associations étonnantes !

Cuisiner sans sel ne signifie pas préparer « les mêmes plats qu'avant », en omettant simplement de les saler. Tout le monde sait, par expérience, combien cette cuisine-là est peu engageante et s'avère rapidement frustrante. On perd peu à peu le plaisir de manger. Cela n'implique pas non plus de renoncer pour toujours à vos plats favoris. Il suffit de les accommoder autrement et de substituer au sel des herbes, des épices… Bien sûr, il vous faudra éviter, en plus du sel pur, certains produits comme les conserves, les plats préparés, les fromages secs et les charcuteries. Mais la contrainte est moindre. De plus, il existe aujourd'hui des gammes de produits industriels sans sel ou hyposodés et des sels aux aromates adaptés aux régimes spécifiques. Se faire plaisir tout en se faisant du bien est donc possible. Alors sachez en profiter.

Notre tradition culinaire régionale recèle de véritables trésors de santé, riches en parfums et arômes, qui suppléeront avec bonheur à l'absence de sel : les fameuses herbes de Provence, le basilic, l'estragon, le persil, l'ail, l'échalote et les différentes variétés d'oignons... Les cuisines du monde – thaï, libanaise, chinoise, indienne, coréenne, malaisienne, entre autres – utilisent depuis longtemps les épices. Avec ces recettes savoureuses, il est encore plus facile de se passer de sel ! À vous de vous en inspirer.

Et n'oubliez pas que rien n'est meilleur pour votre santé et votre gourmandise que de choisir des produits de qualité, frais et de saison.

Leur bouquet – au propre comme au figuré – transforme véritablement les plats salés et sucrés. Ce sont les meilleures alliées de votre forme. Leurs qualités nutritionnelles en font des ingrédients extrêmement riches en composants actifs : vitamines, minéraux et oligoéléments. Tonifiantes, adoucissantes, calmantes, détoxifiantes, désinfectantes... autant de vertus précieuses pour l'organisme. Avec le thym, le romarin, la sarriette, l'origan, le basilic ou la sauge, la nature vous offre ses bienfaits : ne vous en privez pas !

Choisissez des herbes plutôt issues de cultures biologiques, mais il est également très facile de les faire pousser chez soi, même en ville. Un jardin n'est pas indispensable et vous pouvez les cultiver en pot, sur un rebord de fenêtre à l'abri du vent et bénéficiant d'une bonne lumière naturelle. Pour les conserver, vous pouvez

les faire sécher vous-même dans un four, à chaleur très douce, ou bien à l'air libre en les suspendant en petits bouquets, pendant une quinzaine de jours, dans un endroit aéré. Il est également possible de les surgeler ou de les conserver dans l'huile. Mais l'idéal est de les utiliser fraîchement cueillies et crues.

Les épices

La liste en est longue et le registre de leurs saveurs si vaste : cannelle, cumin, poivres, paprika, muscade, clou de girofle, cardamome... et aussi de délicieux mélanges comme le curry, le massalé, le cinq-épices ou le ras-el-hanout. Achetez de préférence vos épices entières. Leur arôme sera plus intense. Vous pourrez ensuite facilement les moudre en fonction de vos besoins, avec un petit moulin réservé à cet usage, ou encore les râper ou les concasser. Conservez-les avec soin, dans des flacons bien fermés. Veillez à les renouveler régulièrement si elles sont en poudre, car leur parfum s'évente vite. Consommez cependant les épices avec modération : d'ailleurs, pour révéler les saveurs sans faire disparaître le goût des aliments qu'elles accompagnent, il suffit de faibles quantités.

La cuisine sans sel, c'est « l'autre cuisine » : chaleureuse et goûteuse, elle plaira à tout le monde.

Sommaire

Entrées fraîcheur

Salades

Soupes & veloutés

Légumes

Pâtes & riz

Poissons

Viandes

Desserts

Entrées fraîcheur

Rouleaux de printemps

- Le germe de soja est particulièrement énergétique.
- Riche en sels minéraux, il est très digeste.
- Il s'accommode merveilleusement avec des épices.

Temps de préparation : 20 minutes
Temps de cuisson : 3 minutes
Temps de repos : 15 minutes
Pour 4 personnes :

- Une douzaine de galettes de riz
- 200 g de crevettes cuites et décortiquées
- 160 g de carottes finement râpées
- 50 g de pousses de soja
- 40 g de vermicelles de riz
- 1 laitue
- 2 cuillères à soupe de feuilles de menthe fraîche hachées
- 2 cuillères à soupe de feuilles de coriandre fraîche hachées
- Prévoir une sauce aigre-douce ou pimentée

1 Placez les vermicelles de riz dans un grand bol et couvrez-les d'eau tiède. Faites-les cuire pendant 3 minutes dans une grande casserole remplie d'eau bouillante. Puis égouttez. Lavez et essuyez les feuilles de laitue et les pousses de soja.

2 Passez chaque galette de riz dans une grande assiette creuse remplie d'un fond d'eau tiède légèrement sucrée, puis épongez-les et étalez-les sur un plan de travail.

3 Déposez au centre de chaque galette un peu de carottes râpées, des crevettes, des vermicelles et des pousses de soja, de la menthe et de la coriandre hachées. Rabattez la base et les côtés de la galette puis roulez-la. Réservez au frais pendant 15 minutes. Servez avec la sauce aigre-douce.

Variation gourmande

Vous pouvez ajouter une feuille de cive dans chaque rouleau de printemps.

Quinoa crémeux, saumon et petits légumes

- Le quinoa est une excellente source de protéines végétales.
- Riche en sels minéraux, il est facile à digérer.
- Cette recette est délicatement relevée de fines herbes.

Temps de préparation : 20 minutes
Temps de cuisson : 15 minutes
Temps de repos : 2 heures
Pour 4 personnes :

- 200 g de quinoa
- 120 g de filet de saumon frais
- 200 g de faisselle
- 2 carottes épluchées
- 100 g de pois gourmands
- 100 g de petits pois écossés
- 2 poignées de feuilles d'épinard
- 5 feuilles de persil plat
- 45 cl de bouillon de légumes
- 3 pincées de piment doux
- Poivre du moulin

Prévoir 6 cercles à bords hauts de 8 cm

1 Portez le bouillon de légumes à ébullition dans une casserole et ajoutez le quinoa. Laissez cuire 15 minutes, puis égouttez.

2 Découpez les carottes en bâtonnets. Faites-les cuire 12 à 15 minutes au cuit-vapeur. Faites cuire les petits pois et les pois gourmands à la vapeur 8 minutes. Découpez les feuilles d'épinard en lanières. Hachez finement le persil.

3 Découpez le saumon en bandelettes. Dans un saladier, mélangez la faisselle avec le saumon, les carottes, les petits pois, le persil et ajoutez le piment et le poivre.

4 Déposez un peu de quinoa au fond de chaque cercle. Tapissez de film alimentaire. Tassez, puis ajoutez de la faisselle. Ajoutez les épinards et couvrez de faisselle. Refermez le film alimentaire et réservez au frais 2 heures. Démoulez sur assiette au moment de servir.

Conseil du chef

Selon vos préférences, choisissez une faisselle de chèvre ou de vache. Ou encore, pour un résultat plus onctueux, ajouter 5 cl de crème fraîche allégée.

Bouchées de courgettes et herbes fraîches

- La courgette est riche en sels minéraux, en fibres et en vitamines.
- Les petites courgettes jeunes, à la chair tendre et parfumée, sont idéales pour une préparation à cru.
- Une association savoureuse avec le curry.

Temps de préparation : 20 minutes
Temps de cuisson : aucun
Temps de repos : 2 heures
Pour 4 personnes :

- 4 jeunes courgettes
- 150 g de fromage de brebis frais
- 3 feuilles de menthe
- 5 pincées de curry en poudre
- 1 cuillère à soupe d'huile d'olive
- Une douzaine de minigressins sans sel

1 Rincez les feuilles de menthe, essuyez-les et hachez-les finement. Mélangez le fromage de brebis frais avec les feuilles de menthe, le curry et l'huile d'olive.

2 Rincez les courgettes et essuyez-les. Découpez-les en lanières larges. Enroulez une lanière de courgette sur elle-même, garnissez l'intérieur de fromage et piquez un minigressin. Servez frais.

Conseil du chef

La garniture à base de fromage de brebis sera encore plus parfumée si vous la préparez 1 heure à l'avance.

Faisselle aux fines herbes

- La ciboulette appartient à la famille de l'échalote et de l'oignon.
- Elle est riche en vitamine C.
- Elle facilite l'assimilation des corps gras.

Temps de préparation : 10 minutes
Temps de cuisson : aucun
Temps de repos : 30 minutes
Pour 4 personnes :

- 4 petites faisselles
- 1 petit bouquet de ciboulette
- 2 échalotes
- 4 pincées de piment doux
- 2 cuillères à soupe d'huile de noix
- 1 petite salade
- Quelques olives

Prévoir 4 petits moules à faisselle et du film alimentaire

1 Hachez finement la ciboulette et les échalotes. Mélangez le fromage frais avec la ciboulette et les échalotes hachées, ajoutez le piment, l'huile de noix et mélangez.

2 Tapissez les moules de film alimentaire. Garnissez chaque moule du mélange à base de fromage. Réservez au frais pendant 30 minutes.

3 Rincez les feuilles de salade et essuyez-les. Au moment de servir, démoulez les faisselles sur des assiettes. Ajoutez les feuilles de salade et quelques olives.

Conseil du chef

Une petite sauce vinaigrette à l'huile de noix accompagnera parfaitement votre salade.

Tomates, fraises et petits pois

- Le basilic est tonifiant et antiseptique.
- Il facilite la digestion.

Temps de préparation : 20 minutes
Temps de cuisson : 10 minutes
Pour 4 personnes :

- 6 tomates
- 200 g de petits pois écossés
- 200 g de fraises
- 1 citron
- 1 cuillère à café de curry en poudre
- 1 cuillère à café de vinaigre balsamique
- 2 cuillères à soupe d'huile d'olive
- 5 feuilles de basilic hachées
- 3 pincées de piment de Jamaïque
- 10 feuilles de coriandre hachées

1 Faites cuire les petits pois dans une casserole d'eau bouillante avec le curry. Puis égouttez-les et passez-les sous un filet d'eau froide. Laissez-les s'égoutter.

2 Plongez les tomates pendant 3 minutes dans une casserole d'eau bouillante. Rafraîchissez-les et retirez la peau à l'aide d'un petit couteau pointu. Mixez les tomates. Assaisonnez-les de vinaigre et d'huile d'olive.

3 Rincez les fraises, ôtez les queues et découpez-les en petits dés. Arrosez-les d'un peu de jus de citron. Ajoutez les fraises et le basilic haché dans les tomates. Assaisonnez de piment de Jamaïque. Répartissez le mélange dans les bols. Ajoutez les petits pois et les feuilles de coriandre hachées. Servez frais.

Conseil du chef

Quelques échalotes finement ciselées viendront encore relever le goût de cette entrée originale.

Taboulé aux fraises

- La fraise est riche en sels minéraux.
- Riche en vitamine C.
- Particulièrement drainante.

Temps de préparation : 20 minutes
Temps de cuisson : 15 minutes
Temps de repos : 1 heure
Pour 4 personnes :

- 180 g de boulghour fin
- Une vingtaine de fraises
- 4 oranges
- 1 cuillère à soupe d'eau de fleur d'oranger
- 1 bouquet de menthe fraîche
- 2 pincées de vanille en poudre
- 6 pincées de quatre-épices
- 2 cuillères à soupe d'huile d'olive

1 Déposez le boulghour dans un saladier. Pressez le jus des oranges et versez sur le boulghour. Ajoutez l'eau de fleur d'oranger et laissez reposer une heure.

2 Rincez les fraises, ôtez les queues. Coupez-les en fines tranches et en bâtonnets. Hachez finement les feuilles de menthe. Ajoutez les fraises, la vanille, la menthe et le quatre-épices dans le boulgour. Versez l'huile d'olive et mélangez.

3 Couvrez d'un film alimentaire et réservez au frais pendant environ une heure. Servez frais.

Variation gourmande

Agrémentez du zeste finement râpé d'une orange non traitée.

Roulé d'omelette aux carottes

- La carotte est très riche en vitamine A.
- Reminéralisante et détoxifiante.

Temps de préparation : 20 minutes
Temps de cuisson : 15 minutes
Temps de repos : 2 heures
Pour 4 personnes :

- 8 œufs
- 2 carottes
- 150 g de faisselle
- 1 bouquet de ciboulette
- 2 cuillères à soupe de feuilles de basilic hachées
- 2 pincées de piment d'Espelette
- 1 cuillère à café d'huile d'olive

1 Épluchez les carottes et râpez-les finement. Mélangez dans un bol les carottes râpées, la faisselle et le basilic haché. Cassez les œufs dans un bol et fouettez-les rapidement. Ajoutez le piment d'Espelette.

2 Faites chauffer une poêle au fond légèrement huilé. Versez les œufs dans la poêle et laissez cuire quelques minutes jusqu'à ce que l'omelette soit bien cuite. Laissez tiédir, puis découpez des rectangles dans l'omelette.

3 Garnissez chaque rectangle d'un peu de farce, puis roulez-le sur lui-même. Entourez d'un brin de ciboulette.

Conseil du chef

Pour faciliter la découpe, utilisez, si vous en trouvez, une poêle de forme rectangulaire.

Salades

Salade artichaut et tomate

- L'estragon facilite la digestion.
- Bon pour le système nerveux.
- Son parfum subtil relève les volailles, les poissons, les omelettes et les sauces.

Temps de préparation : 15 minutes
Temps de cuisson : 10 minutes
Pour 4 personnes :

- 4 fonds d'artichaut cuits
- 4 tomates
- 4 œufs durs
- 1 poivron orange ou rouge
- 1 bulbe de fenouil
- 1 oignon
- 2 échalotes

Pour la sauce :

- 1 petit bouquet de coriandre
- 1 petit bouquet de persil
- Quelques tiges d'estragon
- 3 cuillères à soupe d'huile de colza
- 2 cuillères à café de vinaigre balsamique
- Poivre du moulin

1 Découpez les œufs en quartiers. Découpez les fonds d'artichaut en petits morceaux. Après les avoir rincés, découpez en dés les tomates, le poivron sans pédoncule ni graines, et le fenouil. Hachez finement l'oignon et les échalotes.

2 Préparez la sauce : rincez les feuilles de coriandre. Réservez quelques feuilles pour la décoration et hachez le reste. Rincez le persil, l'estragon et hachez-les. Mélangez le vinaigre et l'huile de colza. Ajoutez la coriandre, l'estragon et le persil hachés.

3 Garnissez un grand plat creux, ou un saladier, des légumes préparés, des œufs, de l'oignon et de l'échalote. Servez avec la sauce.

Conseil du chef

Pour varier, accompagnez d'une sauce crémée préparée en mélangeant un yaourt nature avec 2 pincées de curry et 2 pincées de gingembre en poudre.

Salade crevettes et melon

- Le melon est riche en vitamines A, B et C.
- Source de potassium.
- Il a des propriétés laxatives.

Temps de préparation : 15 minutes
Temps de cuisson : aucun
Pour 4 personnes :

- 1 melon cantaloup
- 1 melon vert
- Une quinzaine de crevettes cuites
- Quelques feuilles de salade

Pour la sauce :

- 4 cuillères à soupe d'huile de tournesol
- 1 cuillère à soupe de sirop d'érable
- 1 cuillère à soupe de vinaigre de cidre
- 1 cuillère à soupe de graines de sésame
- 1/2 cuillère à café de moutarde sans sel
- Poivre du moulin

1 Épluchez les melons, coupez-les en deux et ôtez les graines. Formez de petites billes à l'aide d'une cuillère parisienne. Répartissez les billes de melon dans des verres. Rincez les feuilles de salade, essuyez-les et ajoutez-les.

2 Préparez la sauce : dans un bol, mélangez l'huile avec le sirop d'érable, le vinaigre de cidre, le sésame et la moutarde. Ajoutez un peu de poivre. Disposez les crevettes sur les verres. Servez frais avec la sauce vinaigrette.

Variation gourmande

Dans la salade, vous pouvez ajouter deux cuillères à soupe de graines de sésame.

Salade riz, tomates et fines herbes

- Le riz est très énergétique.
- Riche en vitamines B et sels minéraux quand il est complet ou semi-complet.
- Il rééquilibre la fonction intestinale.

Temps de préparation : 20 minutes
Temps de cuisson : 20 minutes
Pour 4 personnes :

- 180 g de riz semi-complet
- 30 cl d'eau
- 1 cuillère à café de gingembre en poudre
- 250 g de tomates cerises
- 1 bouquet de fines herbes
- Poivre du moulin

Pour la sauce :

- 1 petite gousse d'ail hachée
- 1 citron non traité
- 1 yaourt nature
- 1/2 cuillère à café de curry doux en poudre

1 Préparez la sauce : hachez finement la gousse d'ail. Râpez le zeste de citron. Dans un bol, fouettez le yaourt, le curry, le zeste de citron râpé et la gousse d'ail hachée.

2 Rincez le riz et égouttez-le. Versez 30 cl d'eau dans une casserole, ajoutez le gingembre et poivrez généreusement. Portez à ébullition et ajoutez le riz.

3 Couvrez et laissez cuire à petits bouillons pendant environ 20 minutes, selon le temps indiqué sur le sachet. Puis égouttez et laissez refroidir. Rincez les tomates et coupez-les en quartiers. Hachez finement les fines herbes.

4 Dans un verre, disposez harmonieusement le riz, les tomates et les fines herbes. Servez frais avec la sauce à part.

Variation gourmande

Pour une salade encore plus complète, ajoutez 100 g de lentilles.

Laitue, dés de poisson et ail

- L'ail est très riche en oligoéléments.
- Tonifiant et détoxifiant.
- Un excellent substitut au sel.

Temps de préparation : 25 minutes
Temps de cuisson : 15 minutes
Pour 4 personnes :

- 800 g de filet de poisson découpé en cubes
- 4 gousses d'ail
- 1 laitue

Pour la sauce :

- 10 cl de crème fraîche liquide
- 5 cl de lait de coco
- 2 pincées de curry en poudre

1 Émincez finement les gousses d'ail et faites-les dorer quelques minutes dans une poêle.

2 Préparez la sauce : dans une casserole, versez la crème fraîche et le lait de coco, ajoutez le curry et portez à frémissement. Laissez tiédir hors du feu.

3 Déposez les cubes de poisson dans le panier du cuit-vapeur, couvrez et laissez cuire à frémissement pendant environ 15 minutes. Rincez les feuilles de laitue, essuyez-les et découpez-les. Disposez-les dans des bols. Ajoutez les cubes de poisson tièdes et l'ail. Servez avec la sauce tiède.

Variation gourmande

Quelques dés de pomme légèrement citronnés aciduleront cette salade.

Salade à l'italienne

- Le thym est un bon stimulant de l'organisme.
- Il possède des vertus antiseptiques.
- Il s'utilise dans de nombreux plats et en infusions.

Temps de préparation : 15 minutes
Temps de cuisson : 12 minutes
Pour 4 personnes :

- 250 g de pâtes (coquillettes, penne…)
- 200 g de thon au naturel sans sel
- 4 tomates
- 1 poivron rouge
- 1 courgette
- 2 brins de romarin
- 2 branches de thym
- 3 cuillères à soupe d'olives
- 1 cuillère à soupe de piment doux
- 1 cuillère à soupe de céleri en poudre

Pour la sauce :

- 1 petit bouquet de basilic
- 1 gousse d'ail
- 4 feuilles de sauge
- 2 cuillères à soupe d'huile de noisette
- 1 cuillère à soupe d'huile de tournesol
- 1/2 cuillère à soupe de vinaigre balsamique
- Poivre du moulin

1 Faites cuire les pâtes dans une marmite d'eau avec le céleri en poudre, le piment, le thym, le romarin puis égouttez. Rincez les tomates, les courgettes et le poivron. Coupez-les en dés.

2 Préparez la sauce : hachez le basilic, la sauge et la gousse d'ail. Dans un bol, fouettez le vinaigre avec l'huile de noisette et l'huile de tournesol. Poivrez. Ajoutez la sauce vinaigrette et les herbes hachées sur les pâtes avec le thon émietté et les olives.

Conseil du chef

La marjolaine ajoutera son parfum délicat à la sauce.

Salade kiwi et avocat

- Le kiwi est plus riche en vitamine C que l'orange.
- Il facilite la digestion.
- Bonne source de fibres.

Temps de préparation : 20 minutes
Temps de cuisson : aucun
Pour 4 personnes :

- 4 kiwis
- 2 avocats
- 1/2 citron
- 1 petit bouquet de menthe
- 1 orange non traitée
- 1 pincée de muscade en poudre
- 1/2 cuillère à café d'origan
- 3 cuillères à soupe d'huile d'olive

1 Épluchez les kiwis et découpez-les en petits dés. Épluchez les avocats, prélevez la chair et citronnez-la. Déposez les kiwis et les avocats dans un saladier.

2 Râpez finement la moitié du zeste de l'orange. Pressez le jus.

3 Dans un bol, mélangez le jus de l'orange avec l'huile d'olive, le zeste râpé, la muscade et l'origan.

4 Servez la salade avec la sauce à l'orange.

Variation gourmande

Une couleur et une saveur de plus : ajoutez deux carottes râpées dans la salade.

Soupes & veloutés

Soupe fraîcheur à la tomate

- Le concombre est riche en sels minéraux.
- Rafraîchissant et détoxifiant.

Temps de préparation : 20 minutes
Temps de cuisson : aucun
Temps de repos : 2 heures
Pour 4 personnes :

- 800 g de tomates
- 1 petit concombre
- 3 gousses d'ail
- 1 oignon
- 4 cuillères à soupe d'huile d'olive
- 1 cuillère à soupe de vinaigre de cidre
- Poivre blanc

1 Hachez finement les gousses d'ail ou pilez-les au mortier. Faites chauffer une grande casserole d'eau bouillante et plongez-y les tomates pendant 1 minute. Ôtez la peau à l'aide de la pointe d'un couteau. Découpez les tomates en dés.

2 Épluchez le concombre, ôtez les graines, puis découpez-le en dés. Épluchez l'oignon et découpez-le en rondelles fines. Déposez les tomates, le concombre et l'oignon dans le bol du mixeur. Mixez finement. Ajoutez l'huile d'olive et le vinaigre, poivrez et mélangez. Réservez la soupe au frais pendant 2 heures. Sortez-la du réfrigérateur juste au moment de servir.

Variation gourmande

Mixez deux ou trois tranches de pain de campagne dans la soupe.

Soupe carotte et orange

- L'orange est riche en vitamine C.
- Riche en sels minéraux.
- Fruit détoxifiant avec des vertus laxatives.

Temps de préparation : 15 minutes
Temps de cuisson : 20 minutes
Pour 4 personnes :

- 1,2 kg de carottes
- 1 litre de bouillon de légumes (non ou peu salé)
- 4 oranges
- 1 petit oignon
- 1 gousse d'ail
- 1 cuillère à café de thym
- 1 cuillère à soupe de raisins secs
- Quelques brins de ciboulette
- 1 cuillère à café d'huile d'olive
- Poivre du moulin

1 Épluchez les carottes et découpez-les en fines rondelles. Pressez le jus des oranges. Râpez finement le zeste d'une orange. Versez le jus d'orange dans une coupelle et ajoutez les raisins secs. Épluchez l'oignon et émincez-le. Hachez finement la gousse d'ail. Faites revenir les rondelles de carottes, l'ail et l'oignon quelques minutes dans une cocotte légèrement huilée.

2 Égouttez les raisins et réservez. Puis versez le jus d'orange dans la cocotte et ajoutez un litre de bouillon de légumes. Ajoutez le thym, couvrez et laissez mijoter pendant environ 20 minutes. Poivrez en fin de cuisson.

3 Mixez finement la soupe. Versez la soupe dans des bols. Répartissez les raisins secs et décorez de quelques brins de ciboulette hachés.

Variation gourmande

Enrichissez votre soupe de quelques fines lamelles de fromage déposées juste au moment de servir.

Soupe cresson et radis

- Le radis est riche en vitamine C.
- Bon draineur du foie.
- Les feuilles sont riches en sels minéraux.
- Excellent en soupe.

Temps de préparation : 15 minutes
Temps de cuisson : 20 minutes
Pour 4 personnes :

- 500 g de cresson
- Quelques radis roses
- 1 pomme de terre
- 2 échalotes
- 1 litre de bouillon de légumes sans sel
- 1 yaourt nature
- Piment de Jamaïque

1 Rincez le cresson et égouttez-le. Hachez-le grossièrement. Épluchez la pomme de terre et découpez-la en petits dés. Hachez finement les échalotes.

2 Faites revenir quelques instants dans une cocotte les dés de pomme de terre, les échalotes et le cresson hachés. Versez le bouillon de légumes, couvrez et portez à frémissement. Laissez cuire environ 20 minutes.

3 Rincez les radis roses, essuyez-les et découpez-les en fines rondelles. Mixez finement la soupe. Versez dans des bols, ajoutez une quenelle de yaourt et des rondelles de radis.

Variation gourmande

Pour plus d'onctuosité, remplacez le yaourt par un peu de crème fraîche épaisse.

Soupe chinoise

- Le gingembre est une racine excellente pour la santé.
- Tonifiant, il s'utilise frais ou séché en poudre.
- Il facilite la digestion des graisses.

Temps de préparation : 20 minutes
Temps de cuisson : 20 minutes
Pour 4 personnes :

- 200 g de filet de porc découpé en cubes
- 180 g de nouilles chinoises
- 4 carottes
- 1 poireau
- 1 gousse d'ail
- 1 litre de bouillon de légumes sans sel
- 1 petit morceau de gingembre
- 2 pincées de cannelle en poudre
- 2 cuillères à soupe de feuilles de coriandre
- 1 cuillère à soupe de feuilles de menthe
- Poivre

1 Épluchez les carottes et le poireau, puis découpez-les en très fines lanières. Épluchez le gingembre et râpez-le. Hachez l'ail.

2 Versez le bouillon dans une grande casserole, ajoutez les lanières de carottes et de poireau, le gingembre râpé, la cannelle et l'ail haché. Poivrez et portez à frémissement. Ajoutez les cubes de porc. Laissez cuire pendant 10 minutes.

3 Ajoutez les nouilles et poursuivez la cuisson encore une douzaine de minutes. Ajoutez les feuilles de coriandre et de menthe hachées au moment de servir.

Conseil du chef

Quelques gouttes de jus de citron, ajoutées au moment de servir, parfumeront agréablement cette soupe.

Soupe tomate et poivron rouge

- La pomme de terre est énergétique et digeste.
- Riche en vitamines B.

Temps de préparation : 20 minutes
Temps de cuisson : 30 minutes
Pour 4 personnes :

- 5 tomates
- 2 pommes de terre
- 1 petit poivron rouge
- 1 oignon
- 1 gousse d'ail
- 4 pincées de piment en poudre
- 1 petit bouquet de fines herbes
- 1 feuille de laurier
- 2 cuillères à soupe de crème fraîche
- Poivre du moulin

1 Épluchez les pommes de terre et découpez-les en cubes. Rincez le poivron rouge et découpez-le en lanières. Épluchez l'oignon et découpez-le en rondelles. Épluchez la gousse d'ail et hachez-la. Coupez les tomates en quatre.

2 Déposez les pommes de terre, le poivron, les tomates, l'oignon et la gousse d'ail dans une grande casserole. Versez un litre d'eau, ajoutez le laurier, le piment en poudre et portez à ébullition. Baissez le feu, couvrez la casserole et laissez mijoter pendant 30 minutes.

3 Mixez la soupe. Ajoutez la crème fraîche. Poivrez. Hachez les fines herbes et ajoutez-les au moment de servir.

Variation gourmande

Un air de Provence : servez la soupe accompagnées de quelques petits croûtons de pain sans sel frottés à l'ail.

Légumes

Aubergines à la libanaise

- L'aubergine est riche en minéraux et en fibres.
- Elle favorise le transit intestinal.
- Elle freinerait le cholestérol.
- Faible en calories.

Temps de préparation : 20 minutes
Temps de cuisson : 30 minutes
Pour 4 personnes :

- 4 aubergines
- 10 olives noires dénoyautées
- 1/2 poivron jaune
- 2 gousses d'ail
- 1 oignon
- 80 g de pignons de pin
- 1 cuillère à soupe de thym frais
- 1/2 cuillère à café de cumin
- 1/2 cuillère à café de cannelle en poudre
- 1 bouquet de persil
- 5 cuillères à soupe d'huile d'olive
- Poivre

1 Coupez 3 aubergines en deux dans la longueur, puis creusez-les et récupérez la chair. Hachez grossièrement la chair et versez-la dans un saladier. Coupez la dernière aubergine en larges lanières, en gardant la peau. Pelez et hachez l'oignon et l'ail. Détaillez les olives et le 1/2 poivron jaune en petits dés.

2 Faites revenir l'oignon, l'ail et le 1/2 poivron dans une poêle avec un peu d'huile d'olive chaude. Ajoutez les pignons. Laissez cuire pendant 2 minutes.

3 Préchauffez le four à 210° (th. 7). Ajoutez la pulpe d'aubergine hachée et les olives. Poivrez, puis ajoutez le cumin, la cannelle et le thym. Mélangez bien la farce et laissez cuire pendant 5 minutes. Ajoutez à la farce le persil finement ciselé. Entrecroisez les lanières d'aubergines, déposez au centre la garniture, puis refermer les lanières d'aubergines par-dessus, comme pour une aumônière. Mettez au four durant environ 20 minutes. Servez bien chaud.

Variation gourmande

Vous pouvez ajouter une tomate pelée et coupée en petits dés.

Bouchées concombre, tomate et oignon

- L'oignon est un protecteur de la santé.
- Riche en vitamines A, B, C et en sels minéraux.
- Il stimule l'organisme.

Temps de préparation : 15 minutes
Temps de cuisson : 20 minutes
Temps de repos : 1 heure
Pour 4 personnes :

- 1 concombre
- 400 g de tomates cerises
- 1 oignon rosé
- Le zeste râpé d'1/2 citron non traité
- 40 g d'olives noires
- 3 branches de thym
- 1 cuillère à café d'origan
- 1 cuillère à soupe d'huile d'olive
- Poivre du moulin

1 Rincez les tomates et égouttez-les. Coupez-les en deux. Épluchez l'oignon et hachez-le. Faites revenir l'oignon haché dans une cocotte huilée. Ajoutez les tomates, le zeste de citron râpé, le thym et l'origan. Poivrez, couvrez et laissez mijoter durant 20 minutes. Puis laissez refroidir.

2 Rincez le concombre et épluchez-le. Découpez le concombre en petits tronçons et creusez l'intérieur à l'aide d'une petite cuillère. Garnissez du mélange à base de tomates. Servez frais.

Variation gourmande

Quelques feuilles de basilic frais dans la cuisson des tomates relèveront encore le goût.

Avocat, oignon rose et dés de poisson

- L'avocat est riche en apports nutritionnels.
- Riche en vitamines C et A.
- À savourer en entrée, en plat ou en dessert.

Temps de préparation : 15 minutes
Temps de cuisson : aucun
Pour 4 personnes :

- 200 g de poisson cuit découpé en dés
- 2 avocats
- 1 oignon rose
- 1 citron
- 1 petit bouquet de coriandre
- Quelques brins de ciboulette
- 4 pincées de piment en poudre
- 1 cuillère à café de sirop d'érable
- 1 cuillère à soupe d'huile d'olive

1 Épluchez l'oignon, découpez-le en fines rondelles. Réservez une rondelle pour la décoration. Hachez finement le reste. Hachez finement les feuilles de coriandre.

2 Creusez l'intérieur des avocats en laissant une petite épaisseur de pulpe. Déposez la pulpe dans un grand bol et écrasez-la avec une fourchette. Citronnez légèrement. Ajoutez le piment, l'oignon et les feuilles de coriandre hachés, et le sirop d'érable.

3 Garnissez les demi-avocats de ce mélange. Hachez finement la ciboulette et saupoudrez le plat.

Variation gourmande

Vous pouvez ajouter une cuillère à soupe de raisins secs

Poivron rouge farci

- Le poivron est un concentré de vitamine C.
- Source intéressante en potassium.
- Un aliment facile à intégrer dans la cuisine, au fil des saisons.

Temps de préparation : 15 minutes
Temps de cuisson : 20 minutes
Temps de repos : 1 heure
Pour 4 personnes :

- 4 petits poivrons rouges
- 220 g de thon au naturel et sans sel
- 2 feuilles de sauge
- 4 feuilles de basilic
- 1 petit bouquet de persil
- 3 pincées de curry doux
- 1 pincée de gingembre en poudre
- 2 cuillères à soupe d'huile d'olive
- Poivre du moulin

1 Rincez les poivrons et essuyez-les. Ôtez le pédoncule à l'aide d'un petit couteau pointu. Passez les poivrons sous un filet d'eau fraîche et retirez les graines. Placez les poivrons dans le cuit-vapeur, couvrez et faites cuire pendant environ 12 minutes.

2 Hachez finement la sauge, le basilic et le persil. Dans un grand bol, mélangez le thon émietté et les herbes avec de l'huile d'olive, du curry et du gingembre. Poivrez et farcissez les poivrons.

Variation gourmande

Une pincée de cumin dans la farce lui donnera un petit goût oriental.

Aubergine, tomate et fromage

- La tomate est une bonne source de vitamine C.
- Riche en potassium.
- Les tomates gorgées de soleil contiennent très peu d'acidité.

Temps de préparation : 10 minutes
Temps de cuisson : 6 minutes
Temps de repos : 15 minutes
Pour 4 personnes :

- 4 tomates
- 2 aubergines
- 2 boules de mozzarella sans sel
- 1 cuillère à café d'origan
- 1 petit bouquet de basilic
- 2 cuillères à soupe d'olives noires
- 1 cuillère à soupe d'huile d'olive
- Poivre du moulin

1 Préchauffez le four en position grill. Rincez les aubergines et découpez-les en demi-rondelles fines. Puis badigeonnez-les d'huile d'olive. Disposez-les sur une plaque de four couverte de papier sulfurisé et placez-les sous la grille du four, 3 minutes de chaque côté, pour les dorer. Puis laissez refroidir.

2 Découpez-les en fines rondelles. Découpez la mozzarella en petites tranches. Sur chaque assiette, alternez rondelles de tomate, d'aubergine et de mozzarella. Ajoutez les feuilles de basilic et l'origan. Poivrez et versez quelques gouttes d'huile d'olive.

Conseil du chef

Choisissez de petites olives niçoises, au goût fin et délicat.

Tajine de petits légumes

- Les feuilles de coriandre possèdent un léger parfum musqué.
- Ses feuilles, ses graines et même ses racines peuvent être utilisées en cuisine.
- Elle est présente dans les cuisines libanaise, marocaine et indienne.

Temps de préparation : 15 minutes
Temps de cuisson : 20 minutes
Pour 4 personnes :

- 8 jeunes courgettes
- 200 g de tomates cerises
- Une douzaine de jeunes carottes
- 8 oignons grelots
- 1 gousse d'ail écrasée
- 200 g de semoule de couscous
- 30 cl de bouillon de légumes non salé
- 40 g de beurre
- 4 branches de thym
- 2 cuillères à soupe de feuilles de coriandre hachée
- 2 pincées de cannelle en poudre
- 2 pincées de cumin en poudre
- 2 pincées de quatre-épices
- 2 pincées de piment
- 1 cuillère à soupe de miel
- 1 cuillère à soupe d'huile d'olive
- Poivre du moulin

Prévoir un plat à tajine ou une cocotte

1 Préchauffez le four à 120° (th. 4). Coupez les courgettes en deux dans le sens de la longueur. Grattez les carottes et rincez-les. Épluchez les oignons. Versez le bouillon de légumes dans le plat à tajine. Ajoutez le miel, la cannelle, le cumin et le quatre-épices, la gousse d'ail et le thym. Poivrez et portez à frémissement puis déposez tous les légumes dans le plat à tajine. Couvrez et placez au four pendant environ 45 minutes.

2 Sur la graine de couscous, versez un verre d'eau parfumée avec 2 pincées de piment. Mélangez, puis ajoutez 1 cuillère à soupe d'huile et mélangez à nouveau. Égrenez la semoule avec une fourchette pour éviter les grumeaux. Faites cuire à la vapeur pendant environ 25 minutes, en égrenant plusieurs fois la semoule. Puis ajoutez les dés de beurre et mélangez. Roulez les grains entre vos doigts afin de les séparer. Couvrez et réservez au chaud. Ajoutez les feuilles de coriandre hachée au moment de servir.

Variation gourmande

Vous pouvez ajouter un zeste de citron finement râpé dans le tajine.

Légumes à l'œuf poché

- Le poireau est riche en vitamines B et C.
- Il a des propriétés diurétiques.
- À découvrir cru, découpé en fines lanières, avec une sauce vinaigrette.

Temps de préparation : 20 minutes
Temps de cuisson : 15 minutes
Pour 4 personnes :

- 4 œufs
- 3 carottes
- 2 poireaux
- 80 cl de bouillon de légumes sans sel
- 1/2 cuillère à soupe de graines de fenouil
- 3 pincées de noix de muscade râpée
- 2 pincées de piment d'Espelette
- 3 cuillères à soupe de vinaigre

1 Grattez les carottes et découpez-les en fines lanières. Préparez les poireaux et découpez-les en lanières. Déposez les légumes dans une grande casserole et versez le bouillon de légumes. Ajoutez les graines de fenouil, la noix de muscade et le piment d'Espelette. Portez à frémissement et laissez cuire pendant environ 15 minutes.

2 Versez un litre d'eau dans une casserole, ajoutez 3 cuillères à soupe de vinaigre et portez à ébullition. Pendant ce temps, remplissez un saladier d'eau tiède. Cassez 2 œufs et glissez-les, un à un, dans l'eau bouillante vinaigrée. Puis, dès le retour de l'ébullition, ôtez la casserole du feu et laissez pocher durant 3 minutes. Puis ôtez les œufs et déposez-les délicatement quelques secondes dans le saladier rempli d'eau tiède. Égouttez-les et épongez-les. Répétez l'opération pour les autres œufs.

3 Répartissez le bouillon et les légumes dans des bols. Déposez délicatement un œuf dans chaque bol et saupoudrez d'un peu de piment d'Espelette.

Variation gourmande

Dans chaque bol, ajoutez une cuillère à soupe de crème fraîche parfumée d'une pincée de curry.

Tulipe de petits légumes

- La fève est une bonne source de protéines végétales.
- Elle est riche en fibres.
- Elle se consomme fraîche en saison ou sèche pendant l'hiver.

Temps de préparation : 15 minutes
Temps de cuisson : 15 minutes
Pour 4 personnes :

- 12 feuilles de pâte phyllo
- 500 g de fèves
- 300 g de carottes nouvelles
- 300 g de haricots verts
- 1 petit bouquet de fines herbes
- 2 pincées de piment d'Espelette
- 2 échalotes
- 10 cl de crème fraîche
- 1 cuillère à soupe de sirop d'érable

Prévoir 4 moules à tulipe (ou des cercles ou des moules à muffins)

1 Préparez les tulipes : badigeonnez d'huile d'olive chaque feuille de phyllo découpée en carré. Placez 2 ou 3 carrés de feuille phyllo dans chaque moule à tulipe. Mettez pendant 5 à 8 minutes au four à 180° (th. 6). Puis laissez refroidir et démoulez délicatement.

2 Retirez les fèves de leurs gousses. Plongez-les 3 minutes dans une casserole remplie d'eau bouillante. Égouttez-les, puis retirez la première peau avec les doigts. Grattez les carottes et découpez-les en bâtonnets. Coupez les extrémités des haricots et découpez-les en petits tronçons. Placez les légumes préparés dans le panier du cuit-vapeur, couvrez et laissez cuire pendant environ 15 minutes.

3 Hachez les fines herbes et les échalotes. Mélangez la crème avec le sirop d'érable, les fines herbes et les échalotes hachées. Disposez les légumes dans les tulipes et servez avec la sauce.

Conseil du chef

Préparez les tulipes à l'avance et cuisez les petits légumes au dernier moment.

Pâtes & riz

Pâtes aux noix et aux tomates

- Les noix sont riches en magnésium.
- Riches en oméga 3.
- Énergétiques.

Temps de préparation : 10 minutes
Temps de cuisson : 12 minutes
Pour 4 personnes :

- 8 filets de rouget
- 250 g de pâtes semi-complètes
- 300 g de tomates cerises
- 1 gousse d'ail
- 2 brins de romarin
- 3 branches de thym
- 3 cuillères à soupe de cerneaux de noix
- 2 cuillères à soupe d'huile de noix
- 1 cuillère à café de vinaigre balsamique
- 2 cuillères à soupe d'huile d'olive
- Poivre du moulin

1 Badigeonnez les filets de rouget d'huile d'olive et faites-les poêler 2 minutes de chaque côté. Réservez. Épluchez la gousse d'ail et découpez-la en fines lamelles. Faites légèrement dorer les lamelles d'ail dans une poêle. Une fois rincées, ajoutez les tomates cerises dans la poêle et laissez cuire à feu moyen pendant environ 8 minutes.

2 Faites cuire les pâtes dans l'eau bouillante pendant une douzaine de minutes. Puis égouttez-les et versez-les dans un plat creux. Ajoutez les filets de poisson, les cerneaux de noix, les tomates cerises aillées, le thym et le romarin. Poivrez généreusement.

3 Dans un bol, mélangez le vinaigre avec l'huile de noix et poivrez. Servez les pâtes avec la sauce.

Variation gourmande

Quelques tomates séchées découpées en lanières décoreront savoureusement votre plat.

Risotto au chèvre frais

- L'échalote est très riche en minéraux (potassium, phosphore, magnésium, sélénium...).
- Riche en vitamines A, B, C et E.
- Elle favorise une bonne circulation sanguine.

Temps de préparation : 10 minutes
Temps de cuisson : 25 minutes (selon le type de riz)
Pour 4 personnes :

- 200 g de riz arborio semi-complet
- 500 g de fèves fraîches
- 40 g de chèvre frais
- 20 g de beurre
- 1 litre de bouillon de légumes non salé
- 2 échalotes
- 5 cl de vin blanc sec
- Huile d'olive
- Poivre du moulin

1 Retirez les fèves de leurs gousses. Plongez-les 2 minutes dans une casserole d'eau bouillante et égouttez. Ôtez la première peau, puis faites cuire pendant 5 à 8 minutes dans une casserole d'eau bouillante.

2 Faites doucement chauffer le bouillon de légumes. Hachez finement les échalotes et faites-les dorer dans une casserole à fond épais. Ajoutez le riz et mélangez jusqu'à ce qu'il soit transparent. Mouillez avec un peu de vin blanc et laissez les grains absorber le liquide. Versez encore un peu de vin et attendez que les grains l'aient absorbé pour en verser à nouveau. En procédant de la même manière, versez ensuite peu à peu le bouillon de légumes chaud. Le riz va cuire doucement et devenir onctueux.

3 Ôtez la casserole du feu et ajoutez le beurre découpé en dés et le chèvre frais émietté. Laissez reposer quelques instants, puis mélangez. Ajoutez les fèves. Poivrez et servez aussitôt.

Variation gourmande

À la fin de la cuisson du riz, vous pouvez ajouter quelques raisins secs, réhydratés dans deux cuillères à soupe de jus d'orange.

Poissons

Filet en papillote, orange et pois gourmands

- Le carvi a des graines très aromatiques.
- Il facilite la digestion des graisses.
- Il parfume les viandes, les poissons, les salades de pommes de terre ou les compotes.

Temps de préparation : 20 minutes
Temps de cuisson : 20 minutes
Pour 4 personnes :

- 4 filets d'églefin
- 300 g de crevettes cuites
- 2 oranges
- 400 g de pois gourmands
- 1 cuillère à café de quatre-épices
- 4 pincées de thym
- Poivre du moulin

Pour la sauce :

- 20 cl de lait de coco
- 1 cuillère à café de curry en poudre
- 1 cuillère à café de carvi

1 Versez le lait de coco dans une petite casserole, ajoutez le curry et le carvi. Portez à frémissement, ôtez du feu et couvrez. Épluchez les oranges et taillez les quartiers à vif en ôtant les peaux blanches.

2 Placez les filets de poisson dans des papillotes. Saupoudrez de thym et poivrez. Placez les papillotes dans le panier du cuit-vapeur. Faites cuire les filets pendant 8 à 10 minutes, selon leur grosseur.

3 Pendant ce temps, faites chauffer une grande casserole d'eau parfumée de quatre-épices. Plongez les pois gourmands pendant 3 minutes. Passez-les ensuite rapidement sous un filet d'eau froide, puis égouttez-les. Réchauffez la sauce au lait de coco pendant 1 minute. Servez les filets de poisson avec la sauce, les pois gourmands et les oranges.

Variation gourmande

Relevez la sauce d'une pointe de safran.

Lotte à la basquaise

- Le poivron rouge est plus riche en vitamine C que le poivron vert.
- Ses vitamines sont fragiles : consommez-le rapidement après l'achat.
- Si sa digestion vous semble difficile, vous pouvez retirer la peau.

Temps de préparation : 20 minutes
Temps de cuisson : 30 minutes
Pour 4 personnes :

- 800 g de lotte découpée en darnes
- 6 tomates
- 1 poivron rouge
- 1 poivron vert
- 2 oignons
- 2 gousses d'ail
- 10 feuilles de basilic
- 4 pincées de thym
- 4 cuillères à soupe d'huile d'olive
- 2 cuillères à café de piment d'Espelette
- Poivre du moulin

1 Rincez les poivrons, ôtez les graines et coupez la chair en fines lamelles. Épluchez et émincez les oignons et les gousses d'ail. Rincez les tomates et découpez-les en quartiers.

2 Faites rapidement dorer les morceaux de lotte des deux côtés dans une cocote légèrement huilée. Puis réservez. Versez dans la cocotte les oignons et l'ail hachés. Laissez cuire 2 minutes en remuant régulièrement. Ajoutez les lamelles de poivrons et les tomates. Poivrez, ajoutez le thym et laissez mijoter pendant 15 minutes à couvert.

3 Placez les darnes de lotte sur les légumes et saupoudrez de piment d'Espelette. Laissez mijoter encore 10 minutes à feu très doux. Poivrez au moment de servir.

Variation gourmande

Servez la lotte avec un riz parfumé au piment d'Espelette.

Crevettes et pâtes au safran

- Le safran est l'épice la plus chère au monde.
- Originaire d'Asie.
- Il provient de la cueillette à la main des stigmates des fleurs de crocus.
- Son arôme étant très puissant, il s'utilise en petites quantités.

Temps de préparation : 20 minutes
Temps de cuisson : 20 minutes
Temps de repos : 1 heure
Pour 4 personnes :

- Une vingtaine de grosses crevettes cuites
- 250 g de pâtes types linguine ou spaghettis
- 2 gousses d'ail hachées
- 4 pincées de gingembre en poudre
- 4 pincées de piment doux en poudre
- 1 cuillère à café de grains de coriandre écrasée
- 3 cuillères à soupe d'huile d'olive
- 1/2 cuillère à café de safran en poudre
- Poivre du moulin

1 Décortiquez les crevettes. Déposez-les dans un plat et assaisonnez-les d'ail haché, de gingembre, de piment et de coriandre. Ajoutez l'huile d'olive. Couvrez d'un film alimentaire et réservez au frais pendant environ 1 heure.

2 Préparez les pâtes : faites chauffer jusqu'à ébullition une grande marmite remplie d'eau. Déposez les pâtes. Ajoutez le safran et, dès la reprise de l'ébullition, laissez cuire environ 12 minutes si ce sont des pâtes sèches et 3 minutes environ si ce sont des pâtes fraîches.

3 Pendant ce temps, faites chauffer une poêle ou un wok. Déposez les crevettes et faites-les cuire 4 minutes tout en mélangeant régulièrement avec une spatule. Égouttez les pâtes et déposez-les aussitôt dans un plat. Poivrez, ajoutez les crevettes, saupoudrez d'un peu de piment et servez.

Variation gourmande

Préparez la marinade de crevettes la veille. La saveur n'en sera que plus parfumée.

Poisson et carpaccio d'orange

- La cannelle est réputée excellente pour la circulation sanguine et la digestion.
- Elle parfume plats, desserts et boissons.
- La cannelle du Sri Lanka est la plus fine en saveur.

Temps de préparation : 10 minutes
Temps de cuisson : 8 minutes
Pour 4 personnes :

- 4 filets de poisson (églefin, colin, merlan)
- 4 oranges
- 2 cuillères à soupe d'huile de noisette
- 1 cuillère à soupe d'huile de tournesol
- 4 pincées de cannelle en poudre
- 4 pincées de cumin en poudre
- 4 pincées de curcuma en poudre
- 2 pincées de curry doux en poudre
- 4 brins de persil haché
- 4 grains de poivre
- 2 brins de ciboulette hachée
- 1 branche de thym
- 1 feuille de laurier

1 Épluchez les oranges, puis découpez-les en fines rondelles. Déposez-les sur un plat et saupoudrez de cannelle, de cumin et de curcuma. Ajoutez l'huile de noisette et l'huile de tournesol.

2 Remplissez une casserole d'eau. Ajoutez le thym, le laurier, le persil et le poivre. Déposez le poisson. Portez à frémissement. Ôtez la casserole du feu, couvrez et laissez infuser pendant 8 minutes. Puis égouttez le poisson.

3 Laissez refroidir, puis émiettez les filets de poisson. Déposez-les sur les oranges. Parfumez d'un peu de curry. Ajoutez la ciboulette et le persil hachés. Servez frais.

Variation gourmande

Accompagnez ce plat, tiède ou froid, d'un riz thaï ou basmati.

Poisson poché aux aromates

- L'aneth facilite la digestion.
- Il parfume les sauces, le poisson, la tomate, la betterave et le concombre.
- Les graines d'aneth font de délicieuses tisanes.

Temps de préparation : 10 minutes
Temps de cuisson : 25 minutes
Pour 4 personnes :

- 4 darnes de poisson (églefin, colin, saumon)
- 8 pommes de terre déjà cuites
- 2 tomates
- 1 bulbe de fenouil
- 2 échalotes hachées
- 8 grains de coriandre
- 4 brins d'aneth
- 1 bouquet garni
- 50 cl de cidre

Pour la sauce :

- 4 cuillères à soupe d'huile de colza
- 2 cuillères à soupe d'huile d'olive
- 1 cuillère à soupe de vinaigre de cidre
- 1 cuillère à café de moutarde sans sel
- 2 cuillères à soupe de persil haché
- 2 cuillères à soupe de ciboulette hachée
- 1 cuillère à café d'estragon haché
- Poivre du moulin

1 Déposez les darnes de poisson dans une casserole. Versez le cidre et ajoutez les grains de coriandre, le fenouil, le bouquet garni et les échalotes hachées. Portez à frémissement et ôtez aussitôt la casserole du feu. Couvrez et laissez pocher pendant environ 8 minutes. Puis égouttez les darnes.

2 Plongez les tomates 2 minutes dans une casserole remplie d'eau bouillante. Passez-les sous un filet d'eau froide, puis ôtez la peau. Découpez-les en petits dés.

3 Préparez la sauce : dans un bol, fouettez la moutarde avec le vinaigre de cidre. Poivrez, puis versez les huiles peu à peu, tout en continuant de fouetter. Ajoutez les herbes hachées.

4 Disposez le poisson et les pommes de terre sur un plat. Ajoutez les dés de tomate et l'aneth. Servez avec la sauce.

Variation gourmande

Le poisson se sert également avec une mayonnaise sans sel, relevée d'une pointe d'ail ou de curry.

Poisson aux jeunes légumes

- Le paprika est une poudre de piment doux.
- Originaire de Hongrie.
- Relève les saveurs des soupes, des pâtes et du riz.
- Délicieux avec les poissons et fruits de mer.

Temps de préparation : 10 minutes
Temps de cuisson : 15 minutes
Pour 4 personnes :

- 4 filets de poisson
- 300 g de jeunes carottes
- 300 g de haricots verts
- 300 g de jeunes navets
- 4 pincées de thym
- 4 pincées de cumin
- 2 pincées de paprika
- Poivre du moulin

Pour la sauce :

- 20 cl de crème fraîche
- 6 morilles
- 2 échalotes
- 4 pincées de paprika

1 Préparez les petits légumes : grattez les carottes et découpez-les en rondelles. Épluchez les navets. Coupez les haricots verts en petits tronçons. Placez les carottes et les navets dans le panier et faites cuire une douzaine de minutes à frémissement. Puis ajoutez les haricots et poursuivez la cuisson pendant encore 5 minutes. Réservez les légumes au chaud.

2 Préparez le poisson : saupoudrez les filets de thym, de cumin et de paprika. Faites-les cuire pendant 8 minutes à la vapeur. Réservez au chaud.

3 Préparez la sauce : nettoyez les morilles. Faites légèrement blondir les échalotes hachées dans une petite casserole au fond légèrement huilé. Versez la crème, ajoutez les morilles, saupoudrez d'un peu de paprika et portez doucement à frémissement. Ôtez du feu, couvrez et laissez infuser 5 minutes.

4 Disposez le poisson et les petits légumes sur un plat et ajoutez la sauce crémée aux morilles.

Variante gourmande

Ajoutez une pincée de thym dans la sauce crémée.

Bouillon de crustacés aux herbes

- La citronnelle est très parfumée.
- Elle s'associe agréablement avec les légumes, la viande et le poisson.
- On la trouve fraîche ou séchée dans les magasins asiatiques.

Temps de préparation : 20 minutes
Temps de cuisson : 20 minutes
Pour 4 personnes :

- 500 g de grosses crevettes décortiquées
- 1 poivron rouge
- 1 oignon
- 1 citron
- 2 gousses d'ail
- 80 cl de bouillon de légumes sans sel
- 1 petit bouquet de coriandre
- 1 petit bouquet de ciboulette
- 6 feuilles de basilic
- 1 petit morceau de gingembre frais
- 1 petit morceau de citronnelle
- 2 cuillères à café de sucre de canne complet
- Poivre du moulin

1 Hachez finement l'ail et l'oignon. Rincez le poivron, découpez-le en petits dés après avoir ôté le pédoncule et les graines à l'intérieur. Épluchez le gingembre et râpez-le. Rincez la citronnelle et découpez-la en petits dés. Versez le bouillon dans une grande casserole. Ajoutez l'ail et l'oignon hachés, le gingembre, le sucre et les dés de poivron. Poivrez. Faites chauffer le bouillon jusqu'à frémissement et laissez cuire à feu doux pendant environ 15 minutes.

2 Ajoutez les crevettes et poursuivez la cuisson encore 5 minutes. Hachez les feuilles de coriandre, de basilic et la ciboulette. au moment de servir, ajoutez un peu de jus de citron, la coriandre, le basilic et la ciboulette hachés.

Variation gourmande

Préparez un bouillon fait d'un mélange à parts égales de lait de coco et de bouillon de légumes.

Roulade de sole au gingembre

- Le clou de girofle a des vertus antiseptiques.
- Saveur piquante.
- Relève les courts-bouillons, les viandes en cocotte, les soupes et le vin chaud.

Temps de préparation : 10 minutes
Temps de cuisson : 15 minutes
Pour 4 personnes :

- 8 filets de soles
- 180 g de riz basmati semi-complet
- 1 carotte
- 8 petits oignons grelots
- 1 litre de bouillon de légumes sans sel
- 1 citron vert
- 1 morceau de gingembre frais
- 40 g de noix de coco râpée
- 2 clous de girofle
- 1 bâton de cannelle
- Le jus d'un citron
- 1 cuillère à soupe de sucre complet
- 1 cuillère à soupe d'huile d'olive
- Des piques en bois
- Poivre du moulin

1 Versez 30 cl d'eau chaude sur le riz rincé, ajoutez le jus de citron, le bâton de cannelle et les clous de girofle. Portez à frémissement, couvrez et laissez cuire à feu doux pendant 15 à 20 minutes, puis réservez au chaud.

2 Roulez chaque filet de sole et fixez-les avec de petites piques en bois. Hachez-les oignons et le gingembre. Épluchez la carotte et découpez-la en rondelles. Faites revenir 2 minutes à feu doux les oignons et le gingembre hachés dans une cocotte huilée. Versez 1 litre de bouillon de légumes et ajoutez le sucre. Poivrez. Portez à frémissement. Déposez les roulades de sole dans le bouillon et laissez cuire 5 minutes à feu doux. Égouttez et réservez au chaud.

3 Faites réduire de moitié le bouillon. Ajoutez le jus du citron vert. Au moment de servir, faites légèrement dorer la noix de coco râpée dans une poêle. Ajoutez la noix de coco dans le riz. Servez les roulades de sole avec le bouillon parfumé et le riz à la noix de coco.

Variation gourmande

Variez les saveurs en remplaçant le jus de citron dans le riz par celui d'une orange.

Viandes

Dés de dinde, riz et petits légumes

- Le curcuma facilite la digestion.
- Saveur puissante : à utiliser en petites quantités.
- Il parfume les riz, les pâtes, les sauces vinaigrette, le poisson et les viandes.

Temps de préparation : 10 minutes
Temps de cuisson : 25 minutes
Pour 4 personnes :

- 500 g de filets de dinde découpés en dés
- 180 g de riz basmati semi-complet
- 600 g de haricots verts
- 1 poivron rouge
- 1 oignon
- 1 cuillère à café de curcuma
- 1 cuillère à café de gingembre en poudre
- 1 bâton de cannelle
- 2 pincées de piment d'Espelette
- 1 cuillère à café de curry doux
- 1 cuillère à soupe d'huile d'olive

1 Faites chauffer une cuillère à soupe d'huile d'olive dans une cocotte. Versez le riz et mélangez jusqu'à ce qu'il soit bien enrobé de matière grasse. Versez 30 cl d'eau chaude dans la cocotte, ajoutez le curcuma, le gingembre et le bâton de cannelle, puis portez à frémissement. Couvrez et laissez cuire à feu doux pendant 15 à 20 minutes, selon le type de riz. Égouttez et réservez au chaud.

2 Préparez les légumes : découpez les haricots verts en petits tronçons. Rincez le poivron, ôtez le pédoncule et retirez les graines. Découpez-le en petits dés. Placez les légumes dans le panier du cuit-vapeur, couvrez et laissez cuire à frémissement pendant 8 à 10 minutes.

3 Hachez finement l'oignon. Faites chauffer une poêle anti-adhésive huilée, déposez l'oignon haché et faites-le dorer à feu moyen. Ajoutez les dés de dinde, saupoudrez de piment et de curry, puis laissez cuire pendant 5 à 8 minutes, en mélangeant régulièrement. Servez les dés de dinde sautés avec le riz et les petits légumes.

Variation gourmande

Une sauce faite d'un yaourt mélangé à de l'aneth et de l'ail se mariera très bien avec les arômes de ce plat.

Poulet, couscous et raisin

- Le piment est riche en vitamine C.
- Il s'utilise frais, séché ou conservé dans l'huile.
- Il en existe un très grand nombre de variétés, du doux au très piquant.

Temps de préparation : 10 minutes
Temps de cuisson : 35 minutes
Pour 4 personnes :

- Un poulet découpé en morceaux
- 200 g de graine de couscous moyen
- 2 grappes de raisin frais
- 4 oignons
- 2 gousses d'ail
- 1 branche de thym
- 1 cuillère à café de curcuma
- 2 pincées de piment en poudre fort
- 50 g de beurre
- 1 cuillère à soupe d'huile de tournesol

1 Versez un verre d'eau parfumé d'une ou deux pincées de piment sur la graine de couscous. Mélangez, puis ajoutez une cuillère à soupe d'huile et mélangez à nouveau. À l'aide d'une fourchette, égrenez bien la semoule pour éviter les grumeaux. Faites cuire à la vapeur pendant environ 25 minutes, en égrenant plusieurs fois la semoule avec une fourchette. Puis ajoutez les dés de beurre et mélangez. Roulez les grains entre vos doigts afin de les séparer. Couvrez et réservez au chaud

2 Hachez les oignons et l'ail. Faites revenir les morceaux de poulet quelques minutes dans une cocotte huilée. Ôtez le poulet de la cocotte. Faites dorer les oignons et l'ail hachés, ajoutez le thym.

3 Remettez les morceaux de poulet dans la cocotte. Ajoutez le curcuma et poivrez. Faites chauffer quelques minutes, puis versez deux ou trois verres d'eau, couvrez et laissez cuire à feu doux pendant 25 minutes environ. Servez le poulet avec le couscous et le raisin.

Variation gourmande

Pendant la cuisson du poulet, vous pouvez ajouter un morceau de gingembre frais râpé.

Côtelettes d'agneau aux herbes

- Le romarin est tonifiant.
- Il a des vertus digestives.
- Il s'utilise en cuisine et en infusions.

Temps de préparation : 15 minutes
Temps de cuisson : 15 minutes
Temps de repos : 30 minutes
Pour 4 personnes :

- 1 carré d'agneau de 8 côtes prêt à rôtir
- 1 salade
- 2 cuillères à soupe d'huile d'olive
- 1/2 cuillère à café de piment doux en poudre
- 2 branches de thym
- 2 brins de romarin

Pour la sauce :

- 2 échalotes
- 1 orange
- 1 pincée de curry doux en poudre
- 3 cuillères à soupe d'huile de colza
- Poivre du moulin

1 Badigeonnez d'huile le carré d'agneau. Frottez-le ensuite de piment, de thym et de romarin. Poivrez. Laissez reposer pendant 30 minutes environ.

2 Préchauffez le four à 220° (th. 7-8). Rangez le carré d'agneau sur la plaque du four. Mettez à cuire pendant 15 minutes environ. Lavez les feuilles de salade et essorez-les.

3 Préparez la sauce : pressez le jus d'orange. Mélangez dans un bol le jus d'orange et l'huile de colza. Épluchez les échalotes et hachez-les finement. Ajoutez-les à la sauce. Poivrez et ajoutez une petite pincée de curry. Servez le carré d'agneau avec la salade et la sauce.

Variation gourmande

Au moment de servir, parsemez un peu de persil haché sur l'agneau.

Lapin à la sauge

- La sauge est réputée, depuis l'Antiquité, pour ses vertus tonifiantes.
- Parfume les viandes blanches et les légumes.

Temps de préparation : 15 minutes
Temps de cuisson : 45 minutes
Pour 4 personnes :

- 4 cuisses de lapin
- 12 tomates cerises
- 12 oignons grelots
- 2 gousses d'ail
- 2 échalotes
- 1 citron
- 1 verre de vin blanc sec
- 2 branches de thym
- 6 feuilles de sauge
- 5 feuilles de basilic
- 5 brins de persil
- 1 cuillère à soupe d'huile d'olive
- Poivre du moulin

1 Faites dorer quelques minutes les cuisses de lapin dans une cocotte huilée. Hachez finement l'ail, les oignons et les échalotes. Rincez et égouttez les tomates cerises, le thym, le persil, la sauge et le basilic.

2 Déposez les tomates, les oignons, l'ail, les échalotes, le thym, le persil, la sauge et le basilic dans la cocotte avec les morceaux de lapin. Poivrez et laissez cuire pendant 40 minutes environ, à feu moyen. Surveillez la cuisson pour éviter que le fond n'attache.

3 Versez le vin blanc en fin de cuisson, laissez réduire quelques instants et ôtez du feu. Ajoutez le jus d'un citron et servez aussitôt le lapin avec la garniture aromatique.

Variation gourmande

Garnissez de quelques olives noires au moment de servir.

Veau et petits légumes au cerfeuil

- Le cerfeuil est détoxifiant.
- Il s'utilise en cuisine et en infusions.

Temps de préparation : 15 minutes
Temps de cuisson : 1 heure 15
Pour 4 personnes :

- 1 quasi de veau de 1,2 kg
- 1 kg d'asperges
- 1,2 kg de petits pois
- 1 carotte
- 1 gousse d'ail
- 1 oignon
- Quelques brins de cerfeuil
- 2 branches de menthe fraîche
- 2 cuillères à café de curry en poudre
- 1 cuillère à café de thym
- 1 cuillère à café de romarin
- 1 cuillère à soupe de sucre en poudre
- 40 g de beurre
- Poivre du moulin

1 Préchauffez le four à 220° (th. 7-8). Frottez d'ail le quasi de veau, poivrez-le généreusement, puis huilez-le. Mettez-le au four en le retournant et en l'arrosant régulièrement. Après 15 minutes de cuisson, épluchez la carotte et découpez-la en rondelles. Hachez l'oignon. Ajoutez les rondelles de carotte et l'oignon haché dans le plat. Puis versez un demi-litre d'eau, le curry, le thym et le romarin et poursuivez la cuisson pendant 50 minutes environ.

2 Hachez le cerfeuil. Incorporez-le au beurre et laissez reposer jusqu'au moment de servir. Épluchez les asperges et coupez la partie dure. Placez-les dans le panier du cuit-vapeur. Saupoudrez de sucre. Couvrez et faites cuire pendant 15 à 20 minutes selon la grosseur. Puis laissez tiédir.

3 Écossez les petits pois. Déposez-les dans le panier du cuit-vapeur avec les branches de menthe. Faites cuire à la vapeur environ 20 minutes. Servez le quasi de veau avec les légumes et le beurre parfumé au cerfeuil.

Conseil du chef

Si vous disposez d'un cuit-vapeur à deux compartiments de cuisson, vous pouvez cuire les asperges et les petits pois en même temps.

Tajine agneau et aubergines

- Le clou de girofle est stimulant et antiseptique.
- Parfume les soupes, les marinades et les plats mijotés.

Temps de préparation : 15 minutes
Temps de cuisson : 1 h 30
Temps de repos : 30 minutes
Pour 4 personnes :

- 1,2 kg d'épaule d'agneau découpée en morceaux
- 2 carottes
- 4 petites aubergines
- 4 tomates
- 3 oignons
- 8 petits oignons grelots
- 2 gousses d'ail
- 1 citron non traité
- 50 cl de bouillon de légumes sans sel
- 1/2 cuillère à soupe de cannelle en poudre
- 1/2 cuillère à soupe de cumin en poudre
- 6 pincées de piment en poudre
- 4 pistils de safran
- 2 clous de girofle
- 1 cuillère à soupe de miel
- 2 cuillères à soupe d'huile d'olive

1 Dans un petit bol, mélangez le cumin, la cannelle et le piment avec 2 cuillères à soupe d'huile d'olive. Frottez les morceaux de viande avec l'huile épicée et laissez reposer pendant environ 30 minutes.

2 Hachez les oignons et l'ail. Épluchez les carottes et découpez-les en rondelles. Faites légèrement dorer l'ail et l'oignon dans une cocotte huilée, puis ajoutez les morceaux d'agneau. Faites dorer quelques minutes, puis versez le bouillon de légumes, le safran, les clous de girofle et les rondelles de carottes. Couvrez et faites cuire à feu doux pendant environ 20 minutes.

3 Épluchez les oignons grelot. Prélevez la moitié du zeste de citron. Ajoutez les aubergines coupées en dés, le zeste de citron et les oignons grelots, les morceaux d'agneau et poursuivez la cuisson pendant encore 20 minutes. Puis découpez les tomates en petits dés. Ajoutez-les dans la cocotte et laissez cuire pendant encore 8 à 10 minutes. Ajoutez le miel en fin de cuisson.

Variation gourmande

Vous pouvez ajouter 50 g d'amandes mondées et 100 g de dattes.

Poulet aux fruits

- Le mélange de cinq-épices est un mélange de poivre de Sichuan, de cannelle, d'anis étoilé, de clou de girofle et de fenouil.
- Parfume les viandes, les poissons et les soupes.

Temps de préparation : 15 minutes
Temps de cuisson : 35 minutes
Temps de repos : 1 heure
Pour 4 personnes :

- 1 poulet découpé en morceaux
- 1 mangue
- 400 g de dattes
- 2 oranges
- Quelques brins de ciboulette
- 1 morceau de gingembre frais
- 1 cuillère à café de cinq-épices
- 1 gousse de vanille
- 2 branches de thym
- 1 cuillère à soupe de sirop d'érable
- 1 cuillère à soupe d'huile d'olive
- Poivre du moulin

1 Épluchez le gingembre et râpez-le. Mélangez-le avec une cuillère à soupe d'huile d'olive, une cuillère à soupe de sirop d'érable et le cinq-épices. Couvrez d'un film alimentaire et laissez reposer une heure. Pressez le jus des oranges. Faites dorer les morceaux de poulet dans une cocotte huilée. Ajoutez les dattes, le jus d'orange, le thym, poivrez, couvrez et laissez mijoter pendant environ 25 minutes. Poivrez et salez.

2 Épluchez la mangue et découpez-la en cubes. Faites chauffer une poêle au fond légèrement huilé. Fendez la gousse de vanille en deux et grattez les graines. Déposez les dés de mangue et les graines de vanille dans la poêle, faites cuire à feu doux quelques minutes. Servez le poulet avec les fruits poêlés.

Variation gourmande

Ajoutez 2 ou 3 cuillères à soupe de crème fraîche au dernier moment.

Desserts

Salade agrumes et cannelle

- La vanille est originaire du Mexique où elle parfumait le chocolat des Aztèques.
- Ses graines concentrent les parfums.
- Elle parfume délicatement les desserts, les fruits, mais aussi les poissons et les volailles.

Temps de préparation : 15 minutes
Temps de cuisson : aucun
Temps de repos : 20 minutes
Pour 4 personnes :

- 5 oranges
- 2 cuillères à soupe de raisins secs
- 1 gousse de vanille
- 80 g de miel
- 2 pincées de gingembre en poudre
- 1 cuillère à soupe d'eau de fleur d'oranger
- 20 cl d'eau

1 Pressez le jus d'une orange. Déposez les raisins secs dans un bol et couvrez du jus d'orange. Versez l'eau dans une casserole, ajoutez le miel, l'eau de fleur d'oranger, le gingembre et la gousse de vanille fendue en deux dans la longueur. Portez à frémissement et laissez cuire pendant 5 minutes. Puis ôtez du feu et laissez refroidir.

2 Épluchez les oranges et détachez les quartiers. Retirez les peaux blanches. Répartissez le sirop dans des verres. Déposez quelques raisins secs. Ajoutez les quartiers d'orange et saupoudrez de cannelle. Réservez au frais pendant 20 minutes avant de servir.

Variation gourmande

Accompagnez d'une boule de sorbet à l'orange au moment de servir.

Mousse aux fruits exotiques

- La cardamome est une épice très utilisée dans la cuisine indienne.
- Elle possède des vertus digestives.
- La plus fine en parfums est la cardamome verte.

Temps de préparation : 15 minutes
Temps de cuisson : 5 minutes
Pour 4 personnes :

- 2 mangues
- 2 oranges
- 1 citron
- 2 cuillères à soupe de sirop d'érable
- 2 pincées de muscade en poudre
- 2 cuillères à soupe de noix de coco râpée
- 1 pincée de cardamome en poudre
- 1 cuillère à soupe de sucre complet

1 Pressez le jus des oranges. Faites-le doucement chauffer avec le sucre et la cardamome, jusqu'à frémissement. Ôtez du feu et laissez refroidir. Épluchez les mangues. Découpez une demi-mangue en petits dés. Mixez finement le reste de pulpe. Citronnez légèrement la pulpe mixée, ajoutez le sirop d'érable et la muscade.

2 Versez un peu de sirop à l'orange dans les verres. Ajoutez de la mangue finement mixée, puis quelques dés de mangue. Saupoudrez d'un peu de noix de coco râpée. Servez frais.

Variation gourmande

Poêlez quelques instants la noix de coco râpée pour renforcer ses parfums.

Poire, citron et verveine

- Le citron contient des quantités importantes de vitamines A, B et C.
- Détoxifiant.
- Antiseptique.
- Tonifiant.

Temps de préparation : 15 minutes
Temps de cuisson : 15 minutes
Temps de repos : 30 minutes
Pour 4 personnes :

- 4 poires
- 2 oranges
- 1 citron non traité
- 1 gousse de vanille
- 1 cuillère à café de feuilles de verveine
- 25 cl d'eau
- 25 cl de vin blanc doux
- 250 g de sucre semoule

1 Épluchez les poires, coupez-les en deux et évidez-les. Versez l'eau et le vin blanc dans une casserole. Ajoutez le sucre, la gousse de vanille fendue dans la longueur et les feuilles de verveine. Portez à frémissement et laissez cuire une quinzaine de minutes. Puis égouttez et laissez refroidir.

2 Rincez le citron et prélevez la moitié du zeste. Pochez le zeste pendant 10 minutes dans le sirop de cuisson des poires. Puis égouttez-le.

3 Épluchez les oranges et découpez-les en quartiers. Ôtez les peaux blanches. Répartissez les quartiers d'orange dans des verres. Ajoutez les poires et le zeste de citron.

Variation gourmande

Servez ces poires avec un yaourt crémeux fouetté, légèrement sucré et parfumé de vanille.

Coupelles aux marrons

- Le cacao est une excellente source de potassium, cuivre et vitamines B.
- Il parfume les desserts et les boissons, mais aussi les volailles et les poissons (cuisine mexicaine).

Temps de préparation : 15 minutes
Temps de cuisson : aucun
Temps de repos : 2 heures
Pour 4 personnes :

- 500 g de crème de marrons vanillée
- 1 mangue
- 2 cuillères à soupe de cognac
- 15 cl de crème fraîche liquide
- 2 blancs d'œuf
- 1 cuillère à soupe de cacao en poudre
- 1 pincée de sel

1 Mélangez le cognac avec la crème de marrons. Au fouet, montez la crème en chantilly bien ferme. Puis incorporez la chantilly à la crème de marrons.

2 Montez les blancs en neige ferme en ajoutant une petite pincée de sel. Incorporez les blancs en neige dans la préparation à base de crème de marrons.

3 Répartissez dans des coupelles. Réservez au réfrigérateur pendant 2 heures. Épluchez la mangue et découpez-la en petits dés. Ajoutez les dés de mangue sur le dessus des coupelles de marrons et saupoudrez de cacao.

Variation gourmande

Poêlez les dés de mangue et parfumez-les à la vanille.

Gelée d'orange à la menthe

- L'orange est très riche en vitamine C.
- Elle est détoxifiante et reminéralisante.
- Elle s'accommode parfaitement avec une volaille.

Temps de préparation : 20 minutes
Temps de repos : 3 heures
Temps de cuisson : 5 minutes
Pour 4 personnes

- 6 oranges
- 3 feuilles de gélatine
- 4 feuilles de menthe
- 30 g de sucre

1 Faites tremper les feuilles de gélatine dans un bol d'eau froide. Pressez 2 oranges et réservez le jus. Pelez à vif les 4 autres oranges et prélevez les quartiers. Mixez la chair des oranges. Versez le jus des oranges dans une casserole, ajoutez les feuilles de menthe et portez à frémissement. Ôtez du feu, couvrez et laissez infuser pendant 15 minutes.

2 Versez dans la casserole la chair des oranges mixées et portez à ébullition avec 30 g de sucre et l'eau. Ajoutez les feuilles de gélatine bien égouttées et fouettez jusqu'à ce qu'elles soient dissoutes. Laissez cuire sans cesser de remuer pendant deux ou trois minutes.

3 Laissez tiédir, puis répartissez la préparation dans des coupelles. Réservez au réfrigérateur pendant 3 heures, pour que la gelée soit bien prise. Démoulez juste avant de servir.

Variation gourmande

Ajoutez 1/2 cuillère à café de noix de coco râpée.

Pomme, raisin et ananas

- L'étoile de badiane est aussi appelée anis étoilé.
- À l'arôme très puissant, elle s'utilise en petites quantités, entière ou finement moulue.
- Elle parfume les courts-bouillons, les marinades et certains desserts au chocolat ou à la pomme.

Temps de préparation : 15 minutes
Temps de cuisson : 12 minutes
Pour 4 personnes :

- 4 pommes
- 1 orange
- 200 g de chair d'ananas
- 2 cuillères à soupe de raisins secs
- 1 étoile de badiane
- 4 pincées de cannelle
- 2 pincées de poivre rose

1 Pressez le jus de l'orange. Déposez les raisins dans un bol et couvrez de jus d'orange. Découpez l'ananas en dés. Rincez les pommes, essuyez-les et creusez-les à l'aide d'une petite cuillère. Retirez le cœur et les pépins. Hachez la pulpe de pomme.

2 Mélangez dans un saladier les dés d'ananas, les raisins égouttés et la pulpe de pomme. Ajoutez la cannelle et le poivre.

3 Garnissez les pommes évidées du mélange de fruits. Enveloppez-les de papier sulfurisé. Placez dans le panier du cuit-vapeur. Ajoutez l'étoile de badiane. Couvrez et laissez cuire pendant une dizaine de minutes. Laissez tiédir ou refroidir avant de servir.

Variation gourmande

Enrichissez la garniture de fruits d'un blanc d'œuf battu en neige et d'une cuillère à soupe de crème fraîche.

Fruits en papillote au sésame

- Les graines de sésame sont un trésor de santé.
- Excellente source de magnésium, de cuivre, de fer, de phosphore et de vitamines B.
- Énergétiques et bonnes pour le système nerveux.

Temps de préparation : 10 minutes
Temps de cuisson : 10 minutes
Pour 4 à 6 personnes :

- 1 petit ananas
- 4 abricots
- 2 poires
- 1 citron
- 2 cuillères à soupe de graines de sésame
- 1 gousse de vanille

Prévoir du papier sulfurisé

1 Épluchez l'ananas, ôtez la partie dure centrale et découpez la chair en cubes. Rincez les abricots, essuyez-les, ôtez les noyaux et découpez la chair en dés. Épluchez les poires, coupez-les en quatre, ôtez le cœur et les pépins et découpez la chair en dés. Pressez le jus de citron. Mélangez dans un saladier tous les fruits et ajoutez un peu de jus de citron. Coupez la gousse de vanille en quatre.

2 Préparez les papillotes : découpez des rectangles de papier sulfurisé. Répartissez les fruits, ajoutez la vanille et des graines de sésame dans chaque papillote et fermez-les. Placez-les dans le panier du cuit-vapeur. Couvrez et laissez cuire pendant une dizaine de minutes. Servez tiède ou froid.

Variation gourmande

Une cuillère à soupe de rhum ajoutée dans les papillotes en rehaussera la saveur.

Index

Notes

Notes

Notes